Meine Großeltern & ICH!

Unsere schönsten gemeinsamen Erinnerungen!

VOR MEINER GEBURT!

Am _____ haben meine Großeltern erfahren, dass ich UNTERWEGS bin!

Oma und Opa ...

- ... haben sich riesig auf mich GEFREUT!
- ... waren ganz schön überrascht!
- ... konnten es kaum erwarten!
- ... _____ .

Ob ich ein Mädchen oder ein Junge werde, ...

- ... war bis zu meiner Geburt eine ÜBERRASCHUNG.
- ... haben meine Eltern am _____ verraten.

So ging es meiner MAMA während der Schwangerschaft:

_____

_____

_____

SO SAH MEINE MAMA IM ___ . MONAT AUS!

Hier ist Platz für ein Foto!

Dass ihr nun euer **ENKELKIND** bekommt, ist für euch …

_____.

Wem habt ihr als Erstes erzählt, dass ich unterwegs bin?

_____

Als ihr damals selbst Eltern geworden seid, war das …

_____

_____

_____.

Das war für meine Oma das **SCHÖNSTE** am Mama-Sein:

_____

_____

_____

Und daran **ERINNERT** sich mein Opa gern zurück:

_____

_____

HALLO, DA BIN ICH!

Am _____ war es ENDLICH so weit!

Ich habe um _____ Uhr in _____

im _____ das Licht der Welt erblickt.

Bei meiner GEBURT habe ich _____ g gewogen

und war _____ cm groß.

So haben meine Großeltern von meiner Geburt erfahren:

_____
_____

Diesen NAMEN haben meine Eltern für mich ausgesucht:

_____

Mein errechneter GEBURTSTERMIN war eigentlich der

_____ .

Als ich auf die Welt gekommen bin, ...

● ... war ich (fast) pünktlich.

● ... hatte ich es ganz schön eilig und kam _____ Tage/Wochen zu früh.

● ... musste sich meine Mama _____ Tage in Geduld üben.

DAS IST DAS ERSTE GEMEINSAME FOTO VON UNS!

Hier ist Platz für ein Foto!

Am _____ habe ich meine Großeltern persönlich kennengelernt.

Ihr findet, dass ich _____ **ÄHNLICH** sehe.

Das war das erste **GESCHENK**, das ich von euch bekommen habe:
_____

Und so habt ihr meine **ELTERN** in der Zeit nach meiner Geburt unterstützt:
_____
_____

UNSER ERSTES GEMEINSAMES JAHR!

Nun bin ich schon .... **MONATE** alt.

Seit ich auf der Welt bin, ...

- ... halte ich euch ganz schön auf Trab.
- ... habe ich euer Leben sehr bereichert.
- ... bringe ich euch eher selten aus der **RUHE**.

SO SEHE ICH JETZT AUS!

Hier ist Platz für ein Foto!

Inzwischen bin ich .... cm groß und wiege .... kg.

So waren meine **ERSTEN** Lebensmonate:

....

....

....

Wenn ich meine Oma und meinen Opa sehe, dann ...

....

....

Das haben wir schon **GEMEINSAM** unternommen:

....

....

....

Das findet ihr ganz **ENTZÜCKEND** an mir:

....

....

Das **KANN** ich inzwischen schon alles:

_____

_____

Ihr seid ganz **ÜBERRASCHT**, dass ich …

_____

_____ .

Hier ist Platz für ein Foto!

Das hat sich im **LEBEN** meiner Großeltern verändert,

seit ich da bin: _____

_____

_____

_____

DIE MEILENSTEINE MEINER KINDHEIT

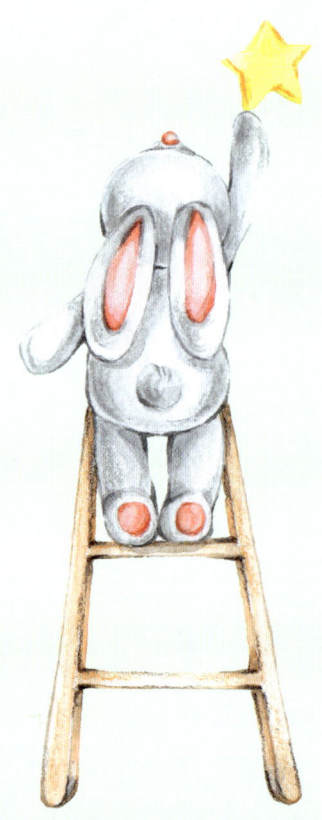

Meine ersten Schritte habe ich am

_____ gemacht.

Ganz schön **AUFREGEND**!

Am _____ war ich das erste Mal länger mit euch allein.

AUA! Meinen ersten Zahn habe ich am

_____ bekommen.

Seit _____ kann ich „Oma" und „Opa" sagen.

Das erste Mal **ANGELÄCHELT** habe ich euch am

_____.

Jetzt wird's ernst! Mein **ERSTER** Schultag war am _____.

Das habe ich am _____ geschafft/erlebt:
_____
_____
_____

Mein erster **WACKELZAHN** ist mir am _____ ausgefallen!

Am _____ habe ich Fahrradfahren gelernt.

Das **ERSTE MAL** richtig geschimpft habt ihr mit mir am _____ wegen _____.

UNSER ZWEITES GEMEINSAMES JAHR!

Jetzt bin ich schon ZWEI Jahre alt.

Das haben wir im letzten Jahr alles GEMEINSAM unternommen:

_____

_____

_____

SO SEHE ICH JETZT AUS!

Hier ist Platz für ein Foto!

Ich finde es immer _____, wenn ich ZEIT mit euch verbringe.

Was war der schönste MOMENT, den wir im letzten Jahr miteinander erlebt haben?

_____

_____

_____

So habe ich mich in den letzten zwölf Monaten verändert:

_____

_____

Das habe ich alles dazugelernt:

_____

_____

_____

Das findet ihr ganz, ganz TOLL an mir:

_____

_____

Und das MAG ich richtig gern:

_____

_____

Womit bringt ihr mich immer zum LACHEN?

_____

_____

Hier ist Platz für ein Foto!

Im Gegensatz zu ...

◯ meinem Papa

◯ meiner Mama

... bin ich ein sehr _____

_____ Kind.

DAS IST MEINE OMA!

Meine Oma heißt _____

und wurde am _____ geboren.

Am Tag meiner Geburt war sie _____ Jahre alt.

Sie ist die `MAMA` von _____

_____.

Ursprünglich kommt meine Oma aus _____

_____.

Jetzt wohnt sie in _____.

Hier ist Platz für ein Selbstporträt!

SO SAH MEINE OMA ALS KIND AUS!

Hier ist Platz für ein Foto!

Das `MAG` meine Oma besonders gern: _____

_____

Das kann sie nicht ausstehen: _____

Das verbinde ich mit meiner `OMA`: _____

_____

DAS IST MEIN OPA!

So heißt mein **OPA**: _____

Er wurde am _____ geboren und war am Tag meiner Geburt _____ Jahre alt.

Er ist der **VATER** von _____
_____.

Mein Opa **WOHNT** in _____.

Aufgewachsen ist er in _____.

Das mag mein Opa **BESONDERS** gern: _____
_____

Das kann er nicht ausstehen: _____

Das **VERBINDE** ich mit meinem Opa: _____
_____

Hier ist Platz für ein Selbstporträt!

SO SAH MEIN OPA ALS KIND AUS!

Hier ist Platz für ein Foto!

UNSER DRITTES GEMEINSAMES JAHR!

Jetzt bin ich schon **DREI** Jahre alt.

Das war der schönste **MOMENT**, den wir im letzten Jahr miteinander erlebt haben: _____

SO SEHE ICH JETZT AUS!

Hier ist Platz für ein Foto!

Das kann ich inzwischen schon alles:
_____
_____
_____

Etwas, das ich von/bei euch **GELERNT** habe:
_____
_____
_____

Apropos „Können" — was könnt ihr besonders gut und möchtet ihr mir unbedingt einmal **BEIBRINGEN**?
_____
_____
_____

DAS BIN ICH!

Allmählich wird es Zeit, meinen ersten **STECKBRIEF** auszufüllen!

Ich heiße _____, meine Großeltern nennen mich aber meistens _____.

Ich habe _____ Augen und bin inzwischen _____ cm groß.

Mein Lieblingslied: _____

Mein Lieblingsspiel(zeug): _____

Meine Lieblingsfarbe: _____

Diese **TIERE** mag ich:

Kreuze an und male aus!

Das **ESSE** ich sehr gern:

Hier ist Platz zum Malen!

DAS KANN ICH RICHTIG GUT:

Kreist gemeinsam ein, was zutrifft!

SINGEN   KLETTERN

HÜPFEN   DREIRAD/ROLLER FAHREN

MALEN   BASTELN

RENNEN

SPRECHEN   ZÄHLEN

UNSER VIERTES GEMEINSAMES JAHR!

Jetzt bin ich schon **VIER** Jahre alt.

Das mache ich momentan gemeinsam mit meinen Großeltern am **LIEBSTEN**: _____

SO SEHE ICH JETZT AUS!

Hier ist Platz für ein Foto!

Der schönste **AUSFLUG**, den wir in diesem Jahr miteinander gemacht haben, ging nach: _____

Besonders gefallen hat mir ... _____

So habe ich mich im letzten Jahr verändert: _____

Das sind meine größten **TALENTE**: _____

Diese lustigen Weisheiten habe ich dieses Jahr zum Besten gegeben: _____

MEINE KINDERGARTENZEIT

Seit _____ gehe ich in ...

☐ ... den **KINDERGARTEN** _____ .

☐ ... die Kindertagesstätte _____ .

☐ ... _____ .

Dort gefällt es mir ... _____ .

Das mache ich im Kindergarten am liebsten:

Kreuze an und male aus!

Oma und Opa waren ...

☐ ... auch im Kindergarten.

☐ ... nicht im Kindergarten, sondern ... _____ .

An das könnt ihr euch aus der Zeit, als ihr in meinem Alter wart, noch sehr gut **ERINNERN**:

_____

Das habe ich euch über meine **ZEIT** im Kindergarten erzählt:

_____

UNSER FÜNFTES GEMEINSAMES JAHR!

Jetzt bin ich schon **FÜNF** Jahre alt.

Das war der schönste **MOMENT**, den wir im letzten Jahr miteinander erlebt haben:

SO SEHE ICH JETZT AUS!

Hier ist Platz für ein Foto!

Das kann ich inzwischen schon alles:

Das würde ich gern schon **KÖNNEN**, klappt aber noch nicht so gut:

Damit habe ich Oma und Opa im letzten Jahr richtig **STOLZ** gemacht:

Dass in mir ein/e kleine/r **KÜNSTLER*IN** steckt, wussten meine Großeltern von Anfang an!

MEINE ERSTEN KUNSTWERKE!

Hier ist Platz zum Einkleben der schönsten Kunstwerke (oder für Fotos davon), die ich bisher für euch gemalt habe!

UNSER SECHSTES GEMEINSAMES JAHR!

Wie schnell doch die Zeit vergeht. Jetzt bin ich schon **SECHS** Jahre alt. Inzwischen bin ich _____ cm groß und wiege _____ kg.

So habe ich mich im letzten Jahr verändert: _____

SO SEHE ICH JETZT AUS!

Hier ist Platz für ein Foto!

Kreist gemeinsam ein, was zutrifft!

Diese **WÖRTER** beschreiben mich am besten:

FRÖHLICH   NACHDENKLICH   GEDULDIG

SCHÜCHTERN   SELBSTSTÄNDIG

RUHIG   GELASSEN   KREATIV   WILD

INTELLIGENT   MITFÜHLEND   VERSPIELT

LIEB   FRECH   WITZIG   ZART

TAPFER   TIERLIEB   SENSIBEL

DICKKÖPFIG   WISSBEGIERIG

STARK   MUTIG   AKTIV

Diese Charakterzüge/Eigenschaften habe ich von ...

🟢 meiner Mama

🟢 meinem Papa

... geerbt: _____

Das schätzen Oma und Opa besonders an mir:

_____
_____

Hier ist Platz für ein Foto!

Inzwischen verbringe ich _____ **ZEIT** mit meinen Großeltern als früher.

Das machen wir gemeinsam: _____
_____
_____

Besonders viel **SPASS** habe ich im Moment daran:
_____
_____

ENDLICH SCHULKIND!

Am _____ war es so weit! Ich gehe jetzt in diese **SCHULE** : _____

Meine Großeltern ...

- ... sind sehr **STOLZ** auf mich.
- ... waren genauso aufgeregt wie ich!
- ... können gar nicht glauben, dass ich schon so groß bin.

So haben wir meinen ersten Schultag **GEFEIERT** :

_____

DAS BIN ICH AN MEINEM ERSTEN SCHULTAG!

Hier ist Platz für ein Foto!

Das habe ich ab sofort immer in der Schule dabei:

Kreuze an und male aus!

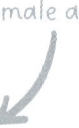

OMAS & OPAS SCHULZEIT

So lange ist es her, dass meine Großeltern eingeschult worden sind:

_____

Wie GERN seid ihr zur Schule gegangen?

_____

An euren ersten Schultag könnt ihr euch ...

- noch sehr gut
- leider kaum mehr

... erinnern.

Was waren eure LIEBLINGSFÄCHER?

_____

DAS SIND OMA UND OPA AN IHREM ERSTEN SCHULTAG!

Hier ist Platz für ein Foto!

Hier ist Platz für ein Foto!

UNSER SIEBTES GEMEINSAMES JAHR!

Jetzt bin ich schon **SIEBEN** Jahre alt.

Das war der schönste **MOMENT**, den wir im letzten Jahr miteinander erlebt haben: _____

SO SEHE ICH JETZT AUS!

Hier ist Platz für ein Foto!

Das kann ich inzwischen schon richtig gut: _____

Etwas, das ich von/bei euch **GELERNT** habe: _____

Damit haben mir Oma und Opa in letzter Zeit eine richtig große **FREUDE** bereitet: _____

MEINE SCHULZEIT!

Wie die Zeit vergeht! Jetzt gehe ich schon seit _____ Monaten in die Schule.

Diese **SCHULFÄCHER** mag ich am liebsten:

Diese **ZAHLEN** kenne ich schon!

6 1 4
2 5 8
9 3 7

Male alle Zahlen aus, die du schon kennst!

Das macht mir nicht so viel Spaß:

Diese Wörter kann ich schon richtig gut **SCHREIBEN**:

Mein/e **LIEBLINGSLEHRER*IN** heißt:

UNSER ACHTES GEMEINSAMES JAHR!

Jetzt bin ich schon **ACHT** Jahre alt.

Für mein Alter bin ich …

SO SEHE ICH JETZT AUS!

Hier ist Platz für ein Foto!

Lange **DAUERT** es nicht mehr und ich …

Das mache ich momentan gemeinsam mit meinen Großeltern am **LIEBSTEN**:

Das war der schönste **MOMENT**, den wir im letzten Jahr miteinander erlebt haben:

SO WAR DAS DAMALS!

Dass ihr so alt wart wie ich, ist nun schon eine Zeit lang her. Doch wie war das eigentlich **DAMALS**?

Im Vergleich zu heute war eure **KINDHEIT** ...

Das war damals ganz anders:

An das könnt ihr euch noch sehr gut **ERINNERN**:

Oma:

Opa:

UNSER NEUNTES GEMEINSAMES JAHR!

Wie schnell doch die Zeit vergeht. Jetzt bin ich schon **NEUN** Jahre alt. Inzwischen bin ich _____ cm groß und wiege _____ kg. So habe ich mich im letzten Jahr verändert: _____

SO SEHE ICH JETZT AUS!

Hier ist Platz für ein Foto!

Das schätzen Oma und Opa besonders an mir: _____

Diese **TALENTE** habe ich ganz neu entwickelt: _____

Das muss ich noch ein bisschen **ÜBEN**: _____

Was war der schönste **MOMENT**, den wir im letzten

Jahr miteinander erlebt haben?

_____

_____

Hier ist Platz für ein Foto!

Dinge, die mir zurzeit richtig Spaß machen:

_____

_____

Das kann ich **NICHT** ausstehen:

_____

_____

Im Gegensatz zu ...

☐ meinem Papa

☐ meiner Mama

... mag ich das richtig gern: _____

_____

_____

WAS WIR VONEINANDER GELERNT HABEN!

Inzwischen kann ich schon so viele Dinge richtig **GUT**. Manches davon habe ich von/bei meinen Großeltern gelernt. Besonders **STOLZ** sind Oma und Opa darauf:

Gelernt am/im:

Gelernt am/im:

Gelernt am/im:

Meine größten Talente, die ich von euch **GEERBT** habe, sind:

Außerdem habe ich mir noch das von meinen Großeltern abgeschaut:

Aber nicht nur ich habe etwas von Oma und Opa gelernt, sondern auch ihr **ALLERHAND** von mir!

Ich habe euch zum Beispiel **GEZEIGT**, dass ....
....

Und außerdem noch wie man ....
....

Richtig stolz bin ich, dass ich euch ....
.... **GELEHRT** habe.

Das habe ich Oma und Opa sonst noch alles beigebracht:
....
....

Hier ist Platz für ein Foto!

UNSER ZEHNTES GEMEINSAMES JAHR!

Ganze **ZEHN** Jahre bin ich nun schon geworden.

Für mein Alter bin ich ...

🟢 ... schon richtig erwachsen.

🟢 ... ganz schön **FRECH**!

🟢 ... sehr vernünftig.

SO SEHE ICH JETZT AUS!

Hier ist Platz für ein Foto!

Kreist gemeinsam ein, was zutrifft!

Diese **WÖRTER** beschreiben mich im Moment am besten:

FRÖHLICH   NACHDENKLICH   EMOTIONAL

SCHÜCHTERN   SELBSTSTÄNDIG

RUHIG   GELASSEN   KREATIV   HILFSBEREIT

INTELLIGENT   MITFÜHLEND   SPORTLICH

LIEB   FRECH   WITZIG   ZART

TAPFER   TIERLIEB   SENSIBEL

VERANTWORTUNGSVOLL   LAUNISCH

MUTIG   BEGEISTERUNGSFÄHIG

Das schätzen Oma und Opa besonders an mir:

_____

_____

Mittlerweile ist aus mir schon ein/e große/r KÜNSTLER*IN geworden.
Das sind meine bisher tollsten WERKE:

MEINE BISHER SCHÖNSTEN KUNSTWERKE!

Hier ist Platz zum Einkleben der schönsten
Kunstwerke (oder für Fotos davon),
die ich bisher für euch gemalt
und gebastelt habe!

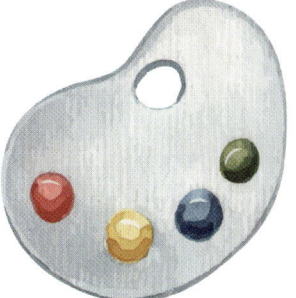

MEINE JUGENDJAHRE

Kaum zu glauben, aber mittlerweile bin ich ein **TEENAGER**!

SO SEHE ICH INZWISCHEN AUS!

Hier ist Platz für ein Foto!

Auf dem Foto bin ich _____ Jahre alt und _____ cm groß.

So oft verbringe ich **ZEIT** mit meinen Großeltern:

_____

_____

Dinge, die ich immer noch sehr gern mit euch mache:

_____

_____

_____

_____

Damit haben mir Oma und Opa in letzter Zeit eine richtig große **FREUDE** bereitet:

_____

_____

_____

Deshalb habe ich euch ein bisschen Sorgen gemacht:

_____

_____

Das habt ihr hoffentlich **NICHT** meinen Eltern erzählt:

_____

_____

_____

Diese schönen MOMENTE haben wir in den letzten Jahren gemeinsam erlebt:

Was? _____

Wann? _____

Hier ist Platz für ein Foto!

Hier ist Platz für ein Foto!

Was? _____

Wann? _____

Hier ist Platz für ein Foto!

Was? _____

Wann? _____

DIE MEILENSTEINE MEINER JUGEND

STRENG GEHEIM !

Am _____
habe ich euch zum ersten Mal etwas anvertraut, was meine Eltern nicht wissen!

Meinen Großeltern das erste Mal richtig **GEHOLFEN** habe ich am _____ , und zwar bei _____ .

Ein große **FREUDE** gemacht habe ich euch am _____ mit _____ .

Ein weiterer großer Meilenstein meiner **JUGEND** war _____

am _____ .

Meine erste Fahrstunde habe ich am

_____

absolviert.

Und das habe ich sonst noch alles erlebt und geschafft:

_____ am _____ .
_____ am _____ .
_____ am _____ .

GUT GEMACHT !

Am _____

habe ich meinen Schulabschluss gemacht.

RÜCKBLICK

Liebe Oma, lieber Opa, nun bin ich (fast) **ERWACHSEN**. Zeit für einen Rückblick auf unsere gemeinsame Zeit!

So war meine **KINDHEIT** mit euch:

An diesen schönen gemeinsamen **MOMENT** erinnere ich mich besonders gern zurück:

Das weiß ich noch, als wäre es **GESTERN** gewesen:

Ihr wart immer für mich da, wenn …

So habt ihr mir **SELBSTVERTRAUEN** gegeben:

Liebes **ENKELKIND**, auch wir blicken zurück auf deine Kindheit und Jugend und denken sehr gern daran zurück.

BESONDERS schön fanden wir:

Wenn wir jemandem von dir erzählen, dann sagen wir, dass …

Das wissen wir noch, als wäre es gestern gewesen:

Das wünschen wir dir von **HERZEN**:

Das hat uns sehr mit **STOLZ** erfüllt:

LIEBLINGSSTÜCKE

Auf den nächsten Seiten ist ganz viel Platz zum Einkleben unserer **LIEBLINGSFOTOS** und für besondere **ERINNERUNGSSTÜCKE**!

LIEBLINGSSTÜCKE

LIEBLINGSSTÜCKE

MEIN STAMMBAUM

OMA

OPA

OMA

OPA

PAPA

MAMA

BRUDER/SCHWESTER

BRUDER/SCHWESTER

BRUDER/SCHWESTER

Weitere **MITGLIEDER** unserer Familie:

ICH

BILDNACHWEIS

Hintergründe, Deko & Sonstiges (alle Shutterstock.com): Xnova (Sterne-Hintergrund), Masha Minaeva (restliche Hintergründe), Kate Macate (florale Deko, Federn, Sternchen in Weiß), Sudowoodo (Gesichter für Oma-/Opa-Selbstporträt), BaMic_illustrations (Zahlen zum Ausmalen);

Wasserfarbenillustrationen (alle Shutterstock.com): alle Nina Novikova, außer: Schnuller (Klenot), Maßband (Lena Yevsikova), Teddybär (Art Houze), Babybett (krisArt), Kinderwagen, Buntstifte (Kate Kreker), Schulheft (Nopi Pantelidou), Mond (Khaneeros.T), Geschenk (Alona Sirenko), Fahrrad, gelber Ball (Julia August), Drachen (Ekkoss), Bücherstapel (Sasha Kriuchkova), Farbpalette (Ilona Myronenko), Fotoapparat (Akhmedova Albina);

Doodles (alle Shutterstock.com): wasapohn (Schaukel, Sandspielzeug, Xylophon), redchocolate (Apfel, Farbpalette & Pinsel, Bleistift, Heft), Olga Zuevskaya (Rucksack), AnyaLis (Delfin), Kid_Games_Catalog (Papagei), Elena Pimukova (Katze), LOFT39 Studio (Hund)